# LES ARBRES

Texte
Agnès VANDEWIELE

Illustrations
Marie-Christine LEMAYEUR
Bernard ALUNNI

Collection créée par
Émilie BEAUMONT

FLEURUS

GROUPE FLEURUS, 15-27, rue Moussorgski 75018 PARIS
www.editionsfleurus.com

# LA VIE DE L'ARBRE

L'arbre vit, grandit et se développe grâce à la sève, un liquide qui circule dans ses racines, son tronc, ses branches et ses feuilles.
Les racines absorbent l'eau du sol, chargée d'azote et de sels minéraux. Ce liquide, la sève brute, remonte par des canaux jusqu'aux feuilles de l'arbre. Là, sous l'action de la lumière du soleil, une substance des feuilles (la chlorophylle), utilisant le gaz carbonique de l'air, transforme la sève brute en sève sucrée. Celle-ci redescend pour nourrir toutes les parties de l'arbre, jusqu'aux racines. Quand la sève ne circule plus, l'arbre meurt.

## Les fleurs

Au printemps, les fleurs naissent des bourgeons. Chaque fleur produit des cellules mâles (pollen) et des cellules femelles (ovules). Puis les insectes ou le vent transportent les graines de pollen des cellules mâles vers les cellules femelles. Ces dernières sont fécondées : c'est la pollinisation.

## Les bourgeons

En hiver, de minuscules bourgeons apparaissent à l'extrémité des rameaux. Ils contiennent de nouvelles pousses, de nouvelles feuilles et parfois de nouvelles fleurs. C'est par les bourgeons que l'arbre grandit.

## Du gland au chêne

À l'automne, les glands du chêne tombent sur le sol. À l'intérieur du gland, sous une enveloppe dure, se trouve une graine. Au printemps, cette graine se met à germer. Elle absorbe de l'eau et se gonfle. L'enveloppe s'ouvre, une petite racine apparaît (1). Une tige se développe et grandit (2 et 3), puis produit des feuilles (4). Cet arbre miniature poursuit sa croissance (5), les branches se forment, et un minuscule tronc en bois apparaît. Chaque année, de nouveaux bourgeons sortent et forment des rameaux. Le jeune chêne a besoin de lumière pour grandir. Si ce n'est pas le cas, il meurt très vite.

*À 4 ans, le chêne pédonculé mesure entre 0,5 et 2 m et, à 40 ans, 15 m. Il vit généralement 500 ans et peut atteindre 40 m de hauteur.*

① ② ③ ④

## Les feuilles

Les feuilles sont parcourues de petits canaux (1), les nervures, où passe la sève. Elles sont reliées aux tiges par le pétiole (2).
Leur surface présente de minuscules trous qui permettent d'aspirer le gaz carbonique, servant à enrichir la sève.

**PRINTEMPS**

**ÉTÉ**

**HIVER**

**AUTOMNE**

## Les fruits

C'est vers 50 ans que le chêne commence à fleurir. Après la pollinisation (fécondation), les fleurs donnent des fruits, les glands.

*Représentation du chêne au fil des saisons*

*En automne, le pétiole durcit et la sève y circule difficilement. Les feuilles ne sont plus alimentées, elles changent de couleur, puis tombent.*

*Grâce à leurs poils absorbants, les racines puisent dans la terre l'eau et les substances minérales nécessaires à la croissance de l'arbre. Elles poussent sans cesse, sauf en période de gel.*

## Le tronc de l'arbre

En coupant un tronc, on voit, au centre, le bois de cœur (1), qui est dur car dépourvu de sève. Dans l'aubier (2), plus tendre et plus jeune, la sève brute monte vers les feuilles. Le cambium (3) produit chaque année un nouveau cerne, une couche de bois, et donne l'âge de l'arbre. C'est dans le liber (4) que circule la sève descendante et sucrée. L'écorce (5) protège l'arbre des insectes, de la chaleur et des champignons.

# LES FEUILLUS

Les feuillus possèdent de larges feuilles plates, bien développées. Ils produisent tous des fleurs et des fruits qui contiennent des graines. Celles-ci peuvent être protégées par une coque dure ou un fruit charnu. Les feuillus pollinisés par des insectes ou des oiseaux ont souvent des fleurs voyantes et odorantes. Ceux qui sont pollinisés par le vent ont des fleurs plus petites. La plupart des feuillus sont caducs, c'est-à-dire qu'ils perdent leurs feuilles en automne. Mais certains ont un feuillage persistant, qui ne tombe pas, comme le chêne vert.

*Bogue avec son marron*

*L'écorce lisse s'écaille au fil du temps.*

## Le marronnier

Très répandu dans les parcs et le long des avenues en Europe et en Amérique du Nord, cet arbre vit plus de 200 ans et peut atteindre 30 m de hauteur. Ses fleurs, d'abord jaune clair, puis jaune foncé, forment des grappes dressées. Ses fruits, les bogues, s'ouvrent à l'automne, libérant les marrons, les graines, qui ne sont pas comestibles.

*Les graines sont enfouies dans des fruits ailés appelés samares.*

*L'écorce est striée.*

## L'érable à sucre

On le trouve en Amérique du Nord. Sa feuille est l'emblème du drapeau canadien. Il peut atteindre 40 m de hauteur et vivre 250 ans. Au printemps, on récolte la sève pour en faire du sirop. Avec 40 litres de sève, on produit 1 litre de sirop. À l'automne, ses feuilles se colorent en jaune, orange et rouge.

*Les fruits, les akènes, sont entourées de poils.*

*L'écorce se détache en fines plaques.*

## Le platane

On le voit dans les régions tempérées de l'hémisphère Nord. Il peut vivre plus de 500 ans et atteindre 30 à 50 m de hauteur. Ses fruits sont mûrs à l'automne et se désagrègent en hiver. Cet arbre qui a besoin de lumière orne souvent les cours d'école, ombrage les places et borde les routes. Il supporte bien la pollution des villes.

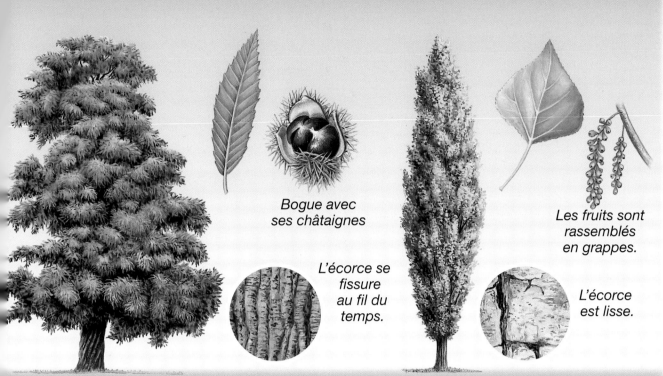

Bogue avec
ses châtaignes

L'écorce se
fissure
au fil du
temps.

Les fruits sont
rassemblés
en grappes.

L'écorce
est lisse.

## Le châtaignier

Il pousse dans les zones tempérées de l'hémisphère Nord et aime la lumière. Il peut atteindre 30 m de hauteur et vivre 2 000 ans grâce à ses racines profondes. Ses fleurs sont réunies en longs chatons. Ses fruits, les bogues, abritent les graines, des châtaignes comestibles.

## Le peuplier

Il pousse dans les régions froides et tempérées de l'hémisphère Nord, souvent au bord de l'eau, en pleine lumière. Sa croissance est rapide (13 m en 20 ans). Il peut atteindre 30 m de hauteur et vivre plus de 300 ans. Ses fleurs sont groupées en chatons pendants.

Les fruits
sont groupés
en cônes.

L'écorce se
détache en
fines lamelles.

Les fruits
sont les olives.

L'écorce
forme des
plaques
rugueuses.

## Le bouleau

Cet arbre léger et gracieux peut atteindre 25 à 30 m de hauteur, mais ne vit pas plus de 100 ans. Il résiste bien au froid et accepte les terrains les moins fertiles de l'ouest au nord de l'Europe. Les feuilles du bouleau ont des propriétés médicinales.

## L'olivier

Il pousse dans les pays méditerranéens et résiste à la sécheresse. Il peut vivre 1 000 ans, voire 2 000 ans, et mesure 15 à 20 m de hauteur. Les olives se récoltent en automne. Elles se consomment vertes ou noires, selon leur degré de maturité, et peuvent donner de l'huile.

hêtre

charme

frêne

noyer

tilleul

orme

saule

acacia

9

# CONIFÈRES ET PALMIERS

Les conifères ont des feuilles en forme d'aiguille ou d'écaille. Leurs graines se développent à l'intérieur des cônes. Tous les conifères sont pollinisés par le vent. Comme leurs feuilles tombent tour à tour au bout de plusieurs années, ces arbres sont toujours verts, à l'exception de quelques espèces. Les palmiers ne sont pas vraiment des arbres. À la place du tronc, ils ont un stipe, qui est une tige remplie de moelle. Ils ont des palmes en guise de branches. Chaque espèce donne des fruits qui contiennent une graine.

*Les cônes atteignent 15 cm de longueur et sont pendants.*

### L'épicéa

Il peut atteindre 50 m de hauteur et pousse dans les régions froides du nord de l'Europe, jusqu'au sud de la Russie. En France, on le trouve dans les Vosges et les Alpes, où il peut vivre jusqu'à 400 ans. C'est le conifère le plus répandu en Europe.

*Les cônes sont d'abord verdâtres, puis brun foncé.*

*Les cônes sont en forme de petit tonneau.*

*Les feuilles sont en forme d'écaille.*

### Le pin sylvestre

Résistant bien au froid et à la chaleur, il pousse dans les montagnes d'Europe et d'Asie du Nord et de l'Ouest. Il peut atteindre 30 m de hauteur et vivre 500 ans. Il aime la lumière.

### Le cèdre du Liban

Le cèdre est l'arbre symbole du Liban. Haut de 20 à 40 m, il a été introduit en Europe, où il est souvent planté dans les parcs. Il peut vivre plus de 1 000 ans.

### Le cyprès de Provence

Il pousse dans le Bassin méditerranéen et sur les sols calcaires. Cet arbre culmine à 20 m de hauteur et peut vivre plus de 500 ans.

*Les cônes, dressés sur les rameaux, mesurent de 9 à 14 cm de longueur.*

*Les cônes, qui mesurent 5 cm de longueur, restent sur les rameaux plusieurs années.*

*Écailles écartées* ①

*Écailles resserrées* ②

## Le sapin pectiné

On le trouve en Europe, des Pyrénées aux Alpes, jusqu'aux Carpates et dans les Balkans. Il mesure 50 m de hauteur et se plaît entre 600 et 1 600 m d'altitude. Il peut vivre 600 ans. Cet arbre craint la chaleur.

## Le mélèze

Il est répandu dans toute l'Europe et peut vivre 300 ans. C'est l'un des rares conifères à perdre ses aiguilles en automne. Haut de 40 m, il aime la lumière, ainsi que le climat sec et froid des hautes montagnes.

## Les cônes

Leurs écailles peuvent être écartées (1), par temps sec, quand ils libèrent les graines, ou resserrées (2), par temps humide, quand ils gardent leurs graines bien au sec.

*Le fruit est la noix de coco, qui peut peser de 1 à 2 kg. Elle contient une partie solide (pulpe) et une partie liquide (lait de coco).*

*Les fruits, les dattes, sont groupés en régimes, c'est-à-dire en grappe.*

*Les fruits ne sont pas comestibles.*

## Le cocotier

Haut de 20 à 30 m, il pousse dans les régions tropicales d'Amérique, d'Asie et d'Océanie et peut vivre 100 ans. C'est le palmier le plus planté au monde.

## Le palmier dattier

Il mesure de 15 à 30 m de haut et se rencontre dans les régions arides d'Afrique du Nord et du Moyen-Orient, ainsi que dans les oasis du Sahara. Il peut vivre 400 ans.

## Le dattier des Canaries

Originaire des îles Canaries, ce palmier d'ornement est très répandu sur la Côte d'Azur et dans le Bassin méditerranéen. Il peut atteindre 25 m de hauteur.

# LA VIE EN FORÊT TEMPÉRÉE

Présentes sur tous les continents, les forêts tempérées couvrent 800 millions d'hectares, soit plus de 14 fois la France. Elles sont dominées par les feuillus : chênes, hêtres, bouleaux, noyers, érables, ormes, frênes. On y trouve aussi quelques conifères. Au fil des quatre saisons, ces forêts abritent et alimentent une faune variée : mammifères, insectes et oiseaux. Des racines à la cime, les arbres sont occupés, et parfois menacés, par des centaines d'espèces animales et végétales qui s'y logent et s'en nourrissent.

À l'automne, *l'écureuil* fait provision de glands et de noisettes, qu'il enterre dans le sol. L'hiver venu, il les retrouve grâce à son flair. Mais cet étourdi oublie parfois ses cachettes, et les graines se mettent à germer.

Avec son bec, *le pic épeiche* frappe l'écorce du chêne et y creuse des trous pour se nourrir de la sève de l'arbre, d'insectes et de leurs larves.

À l'automne, *le geai* récolte des milliers de glands, qu'il emporte par 5 ou 6 dans son jabot. Puis il les recrache et les plante dans la terre avec son bec. L'hiver, il les retrouve. Les glands oubliés finissent par germer et donnent de nouveaux chênes.

Les chenilles de *la tordeuse du chêne*, petit papillon, pénètrent dans les bourgeons des jeunes rameaux et mangent les feuilles naissantes.

*Les truffes*, champignons souterrains très recherchés, mûrissent en hiver au pied des chênes.

Appelées vers blancs, *les larves de hanneton* se nourrissent de racines d'arbres et de plantes. Elles mettent trois ans pour devenir adultes.

Cachés dans le sol, dans les racines des arbres ou le bois pourrissant, *les champignons* se développent à partir des feuilles mortes, des cadavres d'animaux et des déchets.

*La biche* se nourrit de feuilles d'arbres, de glands, de faines, de châtaignes et arrache parfois des morceaux d'écorce.

Chaque espèce d'oiseau construit son **nid** à différents niveaux de l'arbre. La mésange charbonnière, la fauvette et le pinson le font à mi-hauteur, tandis que le loriot, la pie et le pic épeiche nichent tout en haut.

**La mésange bleue** chasse les insectes dans le feuillage et se nourrit aussi de graines. Elle construit son nid dans la cavité d'un arbre.

**Le bouvreuil pivoine** niche dans les branches basses des arbres et se régale de bourgeons, de graines et d'insectes.

**La chouette chevêche** s'installe dans la cavité d'un arbre et y fait son nid pour donner naissance à ses petits.

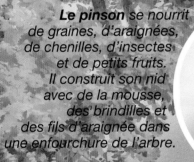

**Le pinson** se nourrit de graines, d'araignées, de chenilles, d'insectes et de petits fruits. Il construit son nid avec de la mousse, des brindilles et des fils d'araignée dans une enfourchure de l'arbre.

**Le hanneton** dévore bourgeons, feuilles et tiges avec ses solides mandibules.

**Le grand capricorne** se nourrit de sève et de feuilles. Les femelles déposent leurs œufs un par un dans les fentes de l'écorce de l'arbre. Les larves creusent des galeries dans le tronc et se nourrissent de bois.

**Le sanglier** se vautre dans la boue, puis se frotte contre le tronc des arbres pour se débarrasser des parasites. Il se nourrit de fruits, de racines, de glands et de petits animaux vivants ou morts.

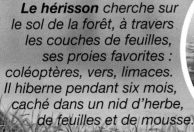

**Le hérisson** cherche sur le sol de la forêt, à travers les couches de feuilles, ses proies favorites : coléoptères, vers, limaces. Il hiberne pendant six mois, caché dans un nid d'herbe, de feuilles et de mousse.

13

# LA VIE EN FORÊT TROPICALE

Les forêts tropicales sont situées de part et d'autre de l'équateur, en Amérique du Sud (bassin de l'Amazone), en Afrique (bassin du Congo) et en Asie du Sud-Est. La chaleur y règne toute l'année et les pluies y sont très abondantes. Avec un tel climat, ces forêts toujours vertes abritent 40 % de toutes les espèces animales et végétales de la planète. Les animaux passent d'un étage à l'autre, mais certains sont perchés dans les arbres ou, au contraire, ne quittent pas le sol.

Avec ses ailes en forme de cerf-volant, *le colugo* se déplace d'arbre en arbre en planant.

*L'hoazin*, qui vit dans les arbres, se nourrit de feuilles qu'il digère comme un ruminant.

*L'ara* se perche souvent à la cime des arbres. *Le toucan* construit son nid dans les trous des troncs.

*Le paresseux* vit dans les arbres et se suspend à une branche avec ses griffes autobloquantes. Il n'en descend qu'une fois par semaine pour faire ses besoins.

*Le ouistiti* fait des trous dans les arbres pour en récolter la gomme avec ses longues incisives. *Le singe hurleur* s'agrippe aux branches avec sa queue pour attraper des feuilles et des fruits.

Grâce à sa force, *le léopard* hisse ses proies (antilopes, singes...) sur les branches d'un arbre et se régale sans être dérangé.

*Le caméléon* prend les couleurs de son environnement afin de tromper ses ennemis et ses proies. *Le boa émeraude* s'accroche aux branches des arbres grâce à sa queue préhensile.

*Le dynaste hercule* est le plus grand des coléoptères. Ses larves se nourrissent de bois en décomposition. *Les fourmis coupeuses de feuilles* mastiquent des morceaux de feuilles pour en faire une pulpe qui sert d'engrais aux champignons dont elles se nourrissent. *La grenouille dendrobate* vit sur le sol de la forêt et *le papillon morpho* en haut, dans la canopée.

## Les étages de la forêt tropicale

Dans la forêt, on distingue plusieurs étages de végétation, où se répartissent les animaux. Sur le sol, obscur et humide, vivent insectes, rongeurs et félins. Dans les arbustes, le sous-bois (strate arbustive, 4 à 6 m) et les lianes enchevêtrées grimpent écureuils, serpents et grenouilles. Plus haut dans les arbres (strate intermédiaire, jusqu'à 25 m) se réfugient singes et oiseaux. C'est dans la canopée (jusqu'à 50 m), le toit de la forêt, que la faune est la plus abondante. Là, les arbres reçoivent lumière et pluie. Fleurs, feuilles et fruits nourrissent perroquets, singes, papillons et chauves-souris. Les lianes géantes de 200 m de longueur et les plantes dites épiphytes, c'est-à-dire qui sont fixées sur les arbres, y foisonnent. Dans les arbres géants qui émergent (60 à 70 m) nichent rapaces, oiseaux et chauves-souris.

**Les mangroves**

On trouve des forêts de mangrove sur les côtes marécageuses des régions tropicales et subtropicales, aux Antilles et jusqu'en Australie. Elles couvrent environ 100 000 km$^2$. Les arbres qui poussent dans ce milieu inondé et salé, comme les palétuviers, ont deux sortes de racines : certaines sont en échasses pour se maintenir dans les sols vaseux, tandis que d'autres sont aériennes pour absorber l'oxygène nécessaire. Les mangroves abritent de nombreuses espèces de poissons et de crustacés, ainsi que des hérons, des aigrettes et des flamants roses.

15

# LA VIE EN FORÊT BORÉALE

La forêt boréale ou taïga forme une grande ceinture depuis la Scandinavie jusqu'à la Sibérie et se prolonge au Canada. Cette vaste forêt de conifères couvre 15 millions de km$^2$ et représente un tiers des espaces forestiers du monde. Les arbres qui y poussent sont des résineux (sapins, épicéas, pins, mélèzes), qui supportent le froid, la neige et les vents violents. On y trouve aussi quelques feuillus (bouleaux, saules, peupliers, aulnes). La forêt boréale sert d'abri aux animaux et leur procure de la nourriture.

*L'aigle royal* construit son nid sur une falaise ou un grand arbre. Il se poste parfois au sommet d'un arbre quand il scrute les alentours, à la recherche d'une proie.

*La grive obscure* construit son nid dans les conifères avec des brindilles, de l'herbe, de petites racines et de l'écorce. Elle se nourrit, sous les arbres ou dans les branches, de fruits, de baies et d'insectes.

Prédateur redouté du Grand Nord, *le glouton* se nourrit de mammifères petits et moyens (lynx, rennes, caribous). Il lui arrive de grimper aux arbres pour guetter ses proies.

L'été, *l'élan* se nourrit de plantes aquatiques et, l'hiver, d'aiguilles de pin, d'écorces et de lichen.

*Le loup* vit dans la forêt boréale et les forêts de montagnes. Il creuse sa tanière au milieu de racines d'arbre ou choisit un rocher.

Petit rongeur, *le lemming* mange graines, baies, végétaux, feuilles de saule, rameaux tendres, mousse et graminées.

*Le lièvre des neiges* se nourrit de jeunes pousses et de bourgeons.

16

# La forêt de montagne

La forêt de montagne recouvre les grandes chaînes montagneuses du globe (Alpes, Andes, Rocheuses, Himalaya). En montagne, la température de l'air diminue avec l'altitude. C'est pourquoi on trouve différentes zones (appelées étages), chacune abritant une faune, une flore et des essences d'arbres particulières.

Comme l'écureuil, **le bec-croisé** ouvre les cônes encore fermés des conifères pour en extraire les graines avec son bec.

Le système digestif du **grand tétras** lui permet de digérer les aiguilles de pin, qu'il consomme en grandes quantités.

**Le mouflon** se nourrit de plantes, de jeunes pousses, de rameaux, de feuilles et de glands.

L'hiver, **les chamois** et **les bouquetins** gagnent les forêts et grignotent mousse, lichen, feuilles de conifères et écorces.

**Le lagopède**, au pelage brun l'été et blanc l'hiver, se nourrit de baies, d'insectes, de plantes ou de bourgeons, de chatons ou de brindilles d'arbre.

Grâce à sa fourrure tachetée, **le lynx** se dissimule dans la forêt, car sa couleur se confond avec les troncs et les rochers. Il griffe les arbres et urine dessus pour délimiter son territoire.

**L'ours brun** se nourrit d'herbe, de fruits, de baies et du miel des abeilles sauvages. Il lui arrive de grimper aux arbres.

17

# DES ARBRES ÉTONNANTS

Certains arbres sont étonnants en raison de leur forme insolite, de leur très grand âge ou de leur taille hors du commun. Les plus petits sont les saules nains, de 2 cm de hauteur, qui poussent dans l'Arctique. Les plus grands sont les séquoias. L'Hypérion, un séquoia Redwood, culmine à 115 m de hauteur. On suppose qu'il est le plus haut du monde. Certains eucalyptus dépassent aussi 95 m. Les plus vieux arbres connus, les pins bristlecones, poussent en Californie. Le plus âgé d'entre eux, nommé Mathusalem, a 4 700 ans.

## Les séquoias géants

Cette espèce de séquoia pousse en Californie. Ces arbres peuvent mesurer 90 m de hauteur et vivre 2 000 ans. L'un d'eux, le Général Sherman, est supposé être le plus gros arbre vivant. Il mesure environ 84 m de hauteur et 11 m de diamètre à la base.

## Les baobabs

On distingue neufs espèces de baobabs : sept à Madagascar, une en Afrique et une en Australie. Les plus hauts atteignent 25 m et vivent près de 2 000 ans. Ils sont capables d'emmagasiner jusqu'à 120 000 litres d'eau dans leur énorme tronc, qui peut dépasser 12 m de diamètre. Ils supportent des températures élevées (50 °C et plus). Pendant la saison sèche, les éléphants percent leur tronc pour s'abreuver.

## Le banian

Il pousse en Asie (Inde, Himalaya, Chine) et mesure 30 m de hauteur. Ses branches descendent si bas qu'elles s'enfoncent dans le sol, y prennent racine et se transforment en nouveaux troncs. Aussi, le banian finit par former à lui seul une véritable forêt.

## L'arbre de Josué

Cet arbre étrange se rencontre uniquement en Amérique du Nord, dans le désert Mojave, où il constitue des forêts spectaculaires. Ses branches sont velues et surmontées de petites têtes épineuses. Il peut atteindre 9 m de hauteur et 1 m de diamètre. Son écorce épaisse résiste au feu, et ses fruits sont protégés par des boules de feuilles piquantes. Il peut vivre 900 ans.

## Le palmier bouteille

Il est appelé ainsi à cause de son tronc enflé, qui évoque celui d'une bouteille de champagne. Il mesure 3 à 6 m de hauteur. Le très rare palmier bouteille se plaît dans les régions tropicales et subtropicales. Il est originaire de l'archipel des Mascareignes, dans l'océan Indien.

## Les faux de Verzy

Dans la forêt de Verzy, entre Reims et Épernay, en France, on peut voir des hêtres tortillards, appelés faux de Verzy. Leurs transformations restent un mystère. Le hêtre tortillard se reproduit par ses branches qui, traînant sur le sol, prennent racine et donnent naissance à un nouvel arbre. On estime à 900 ou 1 000 ans l'âge des plus anciens de ces curieux arbres.

# LES ARBRES UTILES

Les arbres sont indispensables à la survie des êtres vivants, car ils sont les poumons de la Terre. En effet, sous l'action du soleil, les feuilles rejettent de l'oxygène et de l'eau. En retour, elles absorbent le gaz carbonique. Depuis toujours, l'homme exploite les différentes parties de l'arbre. Avec le bois, il se chauffe, construit des habitations et fabrique des meubles, des objets divers, des livres, des journaux et des instruments de musique. Avec les feuilles et les fleurs, il prépare tisanes et médicaments et, avec la sève et les fruits, des huiles, des produits cosmétiques, alimentaires...

## La charpente et la construction

Le bois sert depuis des siècles à bâtir maisons, chalets, églises et temples, car il résiste bien au temps et aux intempéries. Quand les constructions ne sont pas entièrement en bois, celui-ci sert tout de même aux charpentes, généralement en résineux (sapin, épicéa), et aux planchers, parquets, escaliers, volets et portes, souvent en chêne pédonculé.

## Le chauffage

Traditionnellement, le bois est utilisé comme combustible. Les bûches flambent dans les cheminées, tandis que les copeaux et granulés de bois alimentent poêles et chaudières. Le bouleau, le charme, le hêtre, le chêne vert et le noyer brûlent très bien. Contrairement au gaz et au fioul (pétrole), le bois est une énergie renouvelable.

## Les meubles

Pour fabriquer armoires, buffets, tables, sièges, coffres et lits, l'industrie du meuble utilise de nombreuses essences de bois, parmi lesquelles le pin, l'épicéa, le chêne, le merisier et le hêtre. Les bois exotiques, comme le palissandre et l'acajou, servent à fabriquer des meubles de grande qualité. Le teck est très apprécié, car il résiste bien à l'eau. Avec des copeaux de bois mêlés de colle, on produit de l'aggloméré pour des meubles bon marché.

## Les jouets

Résistant, facile à travailler, à peindre et à vernir, le bois sert par exemple à fabriquer chevaux à bascule, jeux de construction, meubles de poupée, trains, jeux d'échecs, etc. Plus solides que les jouets en plastique, les jouets d'éveil pour les petits sont très appréciés pour leur forme adaptée et leurs jolies couleurs. Parmi les bois employés, on trouve l'aulne, le charme, le frêne, le hêtre, le pin cembro et le saule blanc.

## La pâte à papier

On fabrique la pâte à papier avec du bois de résineux et de feuillus. Le papier obtenu se présente sous forme de feuilles à plat ou enroulées sur de grosses bobines, qui sont utilisées pour imprimer des livres, des journaux, des catalogues, etc. Il faut 17 arbres pour produire une tonne de papier. La pâte à papier sert aussi à fabriquer du carton et toutes sortes d'emballages.

## Les instruments de musique

On fabrique des instruments de musique avec des bois divers, sélectionnés pour leur résistance et leur qualité de résonance. Un violon, par exemple, est composé de 70 pièces taillées dans des bois différents : érable ondé pour le fond et le chevalet, épicéa pour la table de résonance, sapin pour les tasseaux, etc. Le bois de hêtre sert à faire des pianos et des orgues ; l'érable sycomore des guitares et des violons.

## Les œuvres d'art

Depuis les temps anciens, les peuples sculptent le bois pour façonner objets religieux, masques, totems, statues et toutes sortes d'œuvres d'art. Certaines ont ainsi traversé les siècles et sont parfaitement conservées. Aujourd'hui, des artistes produisent des œuvres toujours aussi extraordinaires, aux lignes plus épurées, donnant parfois un aspect lisse au bois. L'aulne, le chêne, le saule blanc et le manguier se prêtent bien à la sculpture.

## Les médicaments

Les forêts regorgent de plantes et d'arbres ayant des propriétés médicinales. C'est pourquoi des scientifiques y collectent des feuilles pour les étudier en vue d'applications médicales. De l'écorce du saule, par exemple, on tire un composant de l'aspirine ; les fleurs de tilleul favorisent sommeil et digestion, tandis que les feuilles d'eucalyptus dégagent les voies respiratoires.

On cultive **l'hévéa** en Asie, en Afrique et en Amérique du Sud. De sa sève, appelée latex, on tire le caoutchouc. Pour l'obtenir, on fait une entaille dans l'écorce. Une fois solidifié, le latex sert à fabriquer ballons, gommes, pneus, semelles de chaussure, cirés et bottes.

**L'érable à sucre** pousse en Amérique du Nord. Sa sève est recueillie par l'acériculteur, qui la fait circuler dans un tuyau jusqu'à la cabane à sucre. Là, elle est bouillie dans un évaporateur et donne un sirop que l'on utilise en cuisine. Au Canada, cette récolte est accompagnée de grandes festivités.

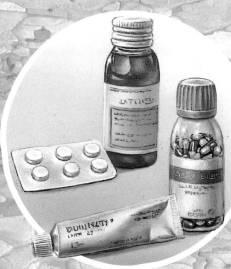

**Les pins** produisent de la gemme, une résine qui circule dans l'aubier. On la recueille en faisant une entaille dans l'aubier. Cette substance est composée d'essence de térébenthine, utilisée dans les peintures, et de colophane, qui sert à fabriquer colles, savons et vernis.

**Les arbres fruitiers** sont cultivés dans de grands vergers qui donnent pommes, poires, prunes, cerises, pêches, oranges, citrons et fruits à coques (noix, noisettes, amandes). Les dattes, les figues, les noix de coco et les olives font vivre de nombreuses populations dans le monde.

**Les animaux se nourrissent** aussi de fruits. Les orangs-outans raffolent des mangues sauvages, et les chimpanzés, des figues. Les petits rongeurs, les geais et les cerfs se régalent des faines du hêtre. Les écureuils font provision de noisettes, tandis que les glands des chênes engraissent cochons et sangliers.

**Le garde forestier** veille sur la forêt, gère les exploitations de bois et choisit les arbres à abattre. Il s'occupe aussi de dégager les alentours des arbres précieux pour leur permettre de bien se développer et d'élaguer les allées forestières.

**Le chêne-liège** pousse dans les pays méditerranéens. Le liège est l'écorce de l'arbre. Le leveur de liège la fend avec sa hache pour en extraire de larges bandes. Celles-ci servent à la fabrication de bouchons, matériaux isolants, panneaux de décoration...

**Le bûcheron** abat les arbres marqués par le garde forestier avec une tronçonneuse ou une abatteuse mécanique. Il doit veiller à ce qu'en tombant l'arbre n'endommage pas ses voisins. Une fois au sol, le tronc est débarrassé de ses branches, puis débité en tronçons et chargé sur un camion qui emporte le bois à la scierie.

**L'arganier** pousse au Maroc. Ses fruits renferment une noix très dure contenant des amandons, qui sont torréfiés puis broyés. Ils donnent alors une pâte épaisse dont on extrait une huile. L'huile d'argan est utilisée par les femmes berbères en cuisine, en médecine traditionnelle et dans les produits de beauté.

**Des botanistes et zoologistes explorent la canopée**, le toit de la forêt tropicale, pour y étudier l'extraordinaire diversité des plantes et animaux qu'on y trouve. Installés dans une montgolfière, ils collectent, à 40 m au-dessus du sol, des échantillons (plantes, insectes, graines, lichen, champignons et petites bêtes) pour les analyser en laboratoire.

# LA FORÊT EN DANGER

Les forêts ont un rôle essentiel : elles limitent l'érosion, retiennent l'eau et les sels minéraux, absorbent l'oxyde de carbone et rejettent de l'oxygène. Mais de nombreux dangers les menacent : tempêtes, sécheresse, incendies, attaques d'insectes et de champignons ou pollution atmosphérique. Les forêts tropicales sont peu à peu détruites par l'expansion des cultures, l'élevage et l'exploitation des mines. Le mode de vie de leurs habitants est menacé, ainsi qu'une partie de la faune et de la flore.

**Le gui** est un parasite dont les racines sucent la sève des arbres et les fragilisent. Il pousse en touffes qui se développent sur les branches ou sur les troncs et les déforment. On scie alors les branches pour se débarrasser du gui.

## Les insectes

Les charançons broient le pourtour des feuilles des arbres fruitiers. Ils pondent sur les fruits et s'en nourrissent. Les pucerons déforment feuilles et rameaux, et les boursouflent, empêchant la floraison des arbres et la formation des fruits. Les capricornes et les termites se nourrissent du bois des arbres.

## Les animaux en péril

La déforestation met en danger l'existence de nombreux animaux. Dans la forêt équatoriale d'Afrique, l'éléphant, l'okapi et les grands singes (chimpanzés, bonobos et gorilles) se raréfient. En Asie du Sud-Est, l'orang-outan et le gibbon, isolés dans des parcelles de forêt, ne peuvent plus se reproduire et deviennent des proies faciles pour les chasseurs et les braconniers.

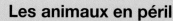

## Les glissements de terrain et les inondations

Là où les forêts disparaissent, la pluie et le vent ravinent les terres et les emportent. Celles-ci ensablent les rivières et peuvent causer des inondations. Ainsi, en Chine, les crues du fleuve Yangzi Jiang sont aggravées par l'absence d'arbres.

## Les avalanches

Dans les montagnes, là où les forêts se font plus rares, les risques d'avalanches se multiplient. En effet, si les arbres ne sont plus là pour fixer et stabiliser le manteau neigeux, rien ne l'empêche de dévaler les pentes. Par ailleurs, les arbres tempèrent le climat et empêchent l'apparition du givre.

**La tordeuse du chêne** est un papillon qui pond des œufs minuscules sur les feuilles du chêne. Les chenilles qui en sortent pénètrent dans les bourgeons, dont elles se nourrissent, puis s'attaquent aux jeunes feuilles, qu'elles enroulent en cornets, affaiblissant l'arbre.

**La langue-de-bœuf**, champignon parasite (ci-contre) qui peut atteindre 25 cm de diamètre, se fixe sur le tronc des chênes et des châtaigniers à l'endroit des blessures de l'arbre.

**Des champignons**, comme l'oïdium, prolifèrent souvent sur les arbres. Les feuilles, les fleurs et les bourgeons se couvrent alors d'une fine couche de poudre blanche, puis se dessèchent et tombent.

**Le lierre** (ci-contre) grimpe aux arbres et s'y agrippe. Il peut les endommager quand il s'étend. Il prive de lumière les feuilles et les bourgeons, et enserre troncs et branches au point de les étouffer.

*Feuille envahie d'oïdium*

Pour se protéger des insectes qui pondent leurs œufs sur ses feuilles, ses branches et ses racines, l'arbre produit des boursouflures appelées **galles**. Les larves s'y logent et s'en nourrissent.

## Les solutions

On reboise actuellement diverses régions du monde. Ainsi, en Mongolie, on plante une grande muraille d'arbres, longue de 3 000 km, pour freiner l'avancée du désert de Gobi. En Australie, sur l'île Christmas, on a reboisé les zones dévastées par l'exploitation des mines de phosphate. On crée également des réserves naturelles pour protéger les forêts et les animaux qui y vivent (comme la réserve du Sichuan, en Chine, pour les pandas). Mais il faudrait aussi prendre des mesures pour consommer moins de bois et de papier, bien choisir les arbres à abattre en épargnant les essences menacées, préserver les arbres des maladies et des diverses pollutions, et reboiser les territoires régulièrement.

## La désertification

Dans certaines régions du monde, où les animaux d'élevage paissent trop souvent, la végétation disparaît progressivement et laisse la place au désert. En effet, davantage exposé au vent et aux pluies, le sol se dénude et devient plus aride. C'est le cas en Chine, en bordure du désert de Gobi, où l'élevage des chèvres et le réchauffement climatique ont provoqué l'avancée du désert.

*Reforestation dans le désert de Gobi, en Asie.*

## Les feux de forêt

Chaque année, partout dans le monde, des forêts entières sont détruites par le feu. En 2001, en Australie, les flammes ont ravagé près de 570 000 hectares dans la région de Sydney et, en 2007, 200 000 hectares en Grèce et autant en Californie, pour ne citer que quelques exemples. Imprudences, accidents, actes criminels et grandes sécheresses sont souvent à l'origine de ces incendies. Pour éteindre les feux de forêt, les pompiers au sol prennent de grands risques. On utilise aussi des avions bombardiers d'eau (Canadair) contenant dans leur réservoir jusqu'à 6 000 litres d'eau, qu'ils déversent sur les flammes. Pour prévenir les feux, on installe des tours de guet, on débroussaille certaines zones pour que les flammes ne se propagent pas, on installe des pare-feu et des points d'eau.

## La déforestation

La déforestation touche surtout les forêts tropicales d'Amérique du Sud, du Sud-Est asiatique et d'Afrique. Les forêts tropicales disparaissent à l'allure de la surface d'un terrain de football toutes les deux secondes environ. On remplace les forêts par des pâturages ou des cultures (soja, palmier à huile, café, cacao).

## Les problèmes liés à la déforestation

Certaines espèces tropicales sont très menacées. C'est le cas du palissandre en Amérique du Sud, du teck en Asie et de l'acajou en Afrique. Cette déforestation massive entraîne érosion et inondations, ainsi que la disparition de nombreuses espèces animales et végétales. D'autre part, les arbres ont un rôle important dans la réduction de l'effet de serre, car ils absorbent, par l'intermédiaire de la photosynthèse, le dioxyde de carbone de l'atmosphère. Ainsi, la déforestation accélère le réchauffement climatique. Si les forêts diminuent, la pollution de l'air augmente.

Au bout de quelques années, le sol devient stérile, il est délaissé et l'on déboise ailleurs. On abat aussi les arbres pour obtenir du bois de feu (chauffage, cuisson), construire des routes, comme la Transamazonienne en Amérique du Sud, exploiter les mines ou les bois tropicaux pour les industries.

## Les accidents climatiques

Les grands accidents climatiques menacent les forêts et causent d'importants dégâts. Tempêtes et tornades déracinent et renversent les arbres. La sécheresse ralentit la photosynthèse (absorption du gaz carbonique et rejet d'oxygène), la croissance des arbres et les rend plus vulnérables aux attaques des insectes et des champignons. De même, le gel peut détruire la partie vivante de l'arbre ; la grêle, arracher les feuilles ; le verglas et la neige, briser des branches.

## La pollution et les pluies acides

La pollution atmosphérique peut également endommager les arbres. Les centrales thermiques, les systèmes de chauffage et les automobiles rejettent dans l'atmosphère des gaz acides et nocifs, qui sont transportés par les vents. L'eau, les brumes et les brouillards se chargent d'acide. Les forêts de montagne, qui baignent dans le brouillard et les nuages, sont plus exposées que les forêts de plaine. Dans les années 1980, les scientifiques ont rendu les pluies acides responsables du dépérissement de certaines forêts en France, en Allemagne et au nord de l'Amérique. De plus, le réchauffement climatique dû à l'augmentation du $CO_2$ (dioxyde de carbone) dans l'atmosphère modifie la croissance des arbres.

# TABLE DES MATIÈRES

ISBN : 978-2-215-08859-2
© Groupe FLEURUS, 2008
Dépôt légal à la date de parution.
Conforme à la loi n° 49-956 du 16 juillet 1949
sur les publications destinées à la jeunesse.
Imprimé en Italie (03/08)

Olivier

Faux de Verzy

Épicéa

Mélèze

Marronnier

Bouleau

Cocotier

Érable à sucre